STEINILBER-OBERLIN

DÉFENSE DE L'ASIE

ET DU BOUDDHISME

Réponse à M. MASSIS, auteur de « Défense de l'Occident »

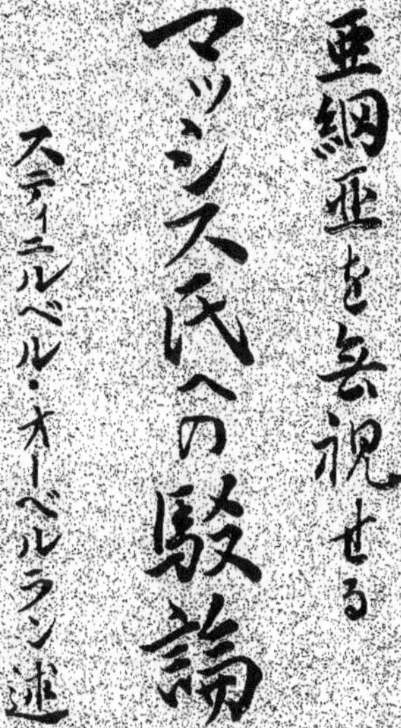

Édition de la Revue Franco-Nipponne No. 1

1, AVENUE REILLE, PARIS (XIVe)

オーシウ文庫・第一巻

DÉFENSE DE L'ASIE

ET DU BOUDDHISME

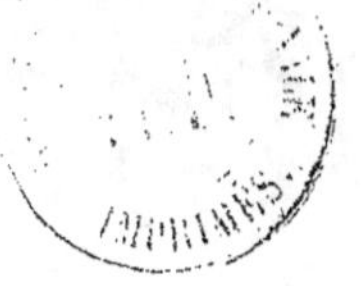

DU MÊME AUTEUR

Essais critiques sur la pensée philosophique contemporaine. (*Ed.
  Gauthier-Villard*)
La Ronde des Saisons, — traduite du sanscrit. (*Ed. Piazza*)
Chansons des Geishas, — traduites du japonais. en collaboration
  avec Hidétaké Iwamura.

En préparation :

Les Cantilènes d'amour, — traduites du sanscrit. (*Ed. Piazza*)

Dans la Revue Franco-Nipponne :

Critique de Aisourébakoso de Tanisaki.
M. Salomon Reinach et la Pensée jaune.
Critique du Jardin des pivoines de Nagai-Kafou.

« Traductions de Kuni-Matsuo et Steinilber-Oberlin »

Les Haï-kaï de Kikakou, — traduites du japonais. (*Ed. Crès*)

Pour paraître prochainement :

Les Notes d'Oreiller de Sei-Shônagon, — traduites du japonais.
  (*Ed. Stock*)

En préparation :

Les Drames d'amour d'Okamoto Kidô.
Drames légendaires du Vieux Japon. (*Piazza*)
Les Haï-kai de Bashô.

STEINILBER-OBERLIN

DÉFENSE DE L'ASIE

ET DU BOUDDHISME

Réponse à M. MASSIS, auteur de « Défense de l'Occident »

Éditions de la Revue Franco-Nipponne No. I

I, AVENUE REILLE, PARIS (XIVe)

オーシウ文庫・第一巻

1928

DÉFENSE DE L'ASIE

DÉFENSE DE L'ASIE

Réponse à M. MASSIS, auteur
de « Défense de l'Occident »
par STEINILBER-OBERLIN.

Avertissement.

Le présent article a été rédigé avec l'approbation d'un groupe de Japonais, de Chinois et d'Hindous dont je ne suis, ici, que l'avocat. Il n'entre aucune intention de polémique dans ces lignes : une profonde sincérité les anime.

Pourquoi les Asiatiques doivent protester
contre la thèse de M. Massis.

Si M. Massis s'était borné à nous dire sa foi dans une civilisation moyen-âge, gréco-latine et chrétienne, aucun Asiatique n'eût songé à s'en émouvoir. Les Asiatiques sont respectueux de toutes les opinions et comprennent, d'ailleurs, parfaitement qu'une civilisation vit sur un fond propre de traditions. Chacun, assurément, est libre de critiquer l'« Humanisme bouddhique » *, la « Civilisation brahmanique » **, comme aussi

---

* et **, Termes employés par M. Sylvain LÉVI, dans son ouvrage : L'Inde.

l'Humanisme gréco-latin et la civilisation chrétienne. Mais M. Massis ne s'est point limité à une discussion philosophique. M. Massis est en bataille. On l'attaque, paraît-il. Il se défend. Qui donc l'attaque ? L'Asie ! L'Europe doit se défendre contre une Asie *agressive, volontairement hostile, haineuse. Il y aurait actuellement une offensive de l'Asie contre l'Europe. Tel est le fond de la thèse soutenue par M. Massis.*

Les Asiatiques pensent qu'il est de leur devoir de signaler la méprise et l'erreur inouïe que cette thèse comporte. L'article qu'on va lire est donc, tout à la fois, une mise au point destinée aux esprits impartiaux, et une protestation contre les autres.

Résumé de la thèse de M. Massis.

En quoi consiste cette prétendue offensive de l'Asie contre l'Europe ?

D'une part, les peuples de l'Asie, dont M. Massis entend gronder « la formidable émeute », seraient à la veille de secouer le joug de l'étranger. Ils auraient l'audace d'aspirer à une indépendance nationale en tous points semblables à celle dont jouissent les nations européennes. D'autre part, les Religions et Philosophies de l'Asie, le Bouddhisme et la Pensée philosophique hindoue, ne seraient que des instruments mis en œuvre pour dissocier le patrimoine spirituel de l'Europe. M. Massis ne distingue, d'ailleurs, pas entre cette offensive *territoriale* et cette offensive *spirituelle.* D'un esprit latin, nous attendions plus de clarté. Il préfère bloquer les deux questions et, en bloc, agite devant nous le spectre, un peu périmé, d'un Péril jaune, allié à un Péril hindou ; péril, vous entendez bien, qui ne naît pas de la libre propagation des idées religienses ou philosophiques par le monde, mais de *la haine calculée de l'Asie qui, avec préméditation, veut détruire la civilisation européenne.*

Pour camper une Asie agressive et qui justifie le titre de son ouvrage, M. Massis brosse un tableau un peu trop forcé, rappelle l'invasion des Huns, et cite ces paroles de Gobineau : « L'Asie est depuis des années, un amas stagnant et non pas mort ; elle est horriblement féconde en monstres et en existances hostiles à notre espèce ». Il eut pu citer des

auteurs plus actuels, M. Suarès, par exemple, qui a écrit : « La révolte
de l'Asie contre l'Europe est une rébellion du nombre contre la qualité »
ou encore : « l'Europe a livré des machines à ce monde de termites et de
fourmis » (les Asiatiques) qui maintenant vont nous attaquer. M. Massis
accuse encore la méchante Asie de vouloir affamer la pauvre Europe, en
empêchant celle-ci « de chercher, *sur le territoire asiatique*, les richesses
qui s'y trouvent » ! Voilà pour l'offensive *territoriale*. L'offensive *spirituelle* n'est pas moins à redouter : « C'est l'âme de l'Occident, écrit M.
Massis, que l'Asie *veut* atteindre... sous prétexte de rechercher la fusion
des esprits d'Orient et d'Occident, les Tagore, les Okakura, les Gandhi
s'accordent avec, ce qu'il a de plus destructeur dans les doctrines européennes. ». Et il ne s'agit pas ici d'un accord que le hasard aurait formé,
mais d'un accord fait *dans une intention agressive, perfide* ; il s'agit *inten-
tionnellement*, de tuer l'Occident : « ... Il est clair que Tagore, Okakura,
Gandhi connaissent les brèches et cherchent les lignes de moindre résis-
tance spirituelle pour s'introduire dans le corps de l'Occident dissocié. » !

*Avec cette théorie, les Asiatiques les plus inoffensifs deviennent, mal-
gré eux, des ennemis.*

On se demande comment un écrivain peut prendre, en conscience, la
responsabilité d'un tel langage.

Discussion.

Nous devons être clairs et nets. Nous disons : *la volonté d'un peuple
de se libérer de la domination étrangère et de réaliser son indépendance
nationale est, en soi, toujours respectable. Cette thèse est traditionnelle en
France.*

*M. Massis veut-il nous dire nettement s'il refuse aux peuples asiatiques
le droit de vivre indépendants, absolument comme vivent les nations européennes ?*

Si oui, aucune entente n'est possible entre lui et les Asiatiques. Mais
alors que signfient les mots Droit et Justice ?

Développons notre point de vue : trop souvent les Européens — et M. Massis est précisément un de ceux auxquels s'adressent nos reproches — parlent de l'Asie comme ils parleraient d'nne colonie désireuse de s'émanciper ! A lire MM. Massis, Suarès et quelques autres, on croirait lire les doléances d'un Gouverneur de colonie, fort inquiet de constater, parmi ses administrés indigènes, des velléités d'indépendance nationale. On croit voir le Gouverneur, arpentant, nerveusement, son cabinet de travail, et pensant : « Mes administrés finiront par nous mettre à la porte, mes compatriotes et moi-même ! Et ce sera notre faute ! Qu'avions-nous besoin de parler de droits aux indigènes, de leur enseigner nos méthodes et notre science ! Ils vont s'en servir contre nous et nous ne serons plus, chez eux, que ce qu'ils sont eux-mêmes, en Europe : des étrangers, sans droit de Cité et sans privilège ! ». Eh ! bien ! ce langage, attristant chez un écrivain et un penseur, est, pour les Asiatiques, d'une humiliation intolérable ! L'Asie n'est point un pays de sauvages qu'on peut coloniser ! C'est l'erreur de l'Europe de ne l'avoir pas compris. L'Asie est un agglomérat de peuples de haute civilisation qui veulent progresser et évoluer dans leur propre civilisation, selon leurs méthodes et leurs idées religieuses, sociales, politiques, et qui, au surplus, acceptent l'aide européenne. On comprendrait une « Défense de l'Asie » parceque c'est l'Asie qui se trouve, pour partie, sous la domination étrangère, et parceque c'est l'Asie qui fut, un peu trop souvent, molestée par les Européens. On ne comprend pas une « Défense de l'Europe ».

M. Massis a-t-il vraiment des doutes sur ce point ? Voici un passage de M. Okakura (*Les Idéaux de l'Orient*) dont il faut comprendre *la tristesse poignante — et la retenue !*

« Qu'est-il advenu de l'Inde ? Elle est aujourd'hui un pays, où les « noms d'Açoka et de Vikramaditya eux-mêmes sont oubliés. Une na-« tion de Rajahs sur les poitrines desquels brillent les insignes du « déshonneur, une nation où les congrès nationaux n'osent pas élever « la voix. La Birmanie, hier encore, était en vie, et dans les rubis de « Thebaw, c'est le sang innocent de Mandalay qui crie vengeance. Le « Kohinoor lui-même, n'est qu'une larme de Golconde... Est-il besoin « de rappeler les pénibles comédies qui se déroulèrent en Perse et au

« Siam, ou d'appeler l'attention sur le « Protectorat » établi par la
« France au Tonkin ? Un protectorat ! Contre qui ?

« En 1842, une nation chrétienne introduit de force l'opium en Chine
« par la bouche du canon et extorque Hong-Kong. Eu 1860, sous un
« prétexte insignifiant, les armées alliées de la France et de l'Angle-
« terre envahissent Pékin et pillent le Palais d'été, dont les trésors
« font maintenant l'orgueil des Musées Européens, tandis que les Rus-
« ses poursuivent, sur les bords de l'Amour et de l'Ili, un constant em-
« piétement des domaines héréditaires du Céleste Empire. La bienveil-
« lante intervention de la Triple Coalition, après la guerre japonaise,
« ne fut qu'une farce, au moyen de laquelle la Russie gagna Port-
« Arthur, l'Allemagne Kiao-Tcheou, et la France une emprise plus
« grande sur le Yunnan. Il est vrai que la profanation de leurs sanc-
« tuaires sacrés avait suscité chez les Boxers un accès de fureur pas-
« sionnée, mais que pouvaient leurs anciennes armées, contre les ar-
« mées des puissances alliées ? Leurs efforts téméraires n'aboutirent
« qu'à multiplier les indignités commises vis-à-vis de la Chine et à
« lui faire payer des indemnités exorbitantes. En dépit de ses pro-
« messes réitérées d'évacuer la Mandchourie, la Russie a essayé de s'y
« établir d'une façon permanente, et les habitants persécutés de cette
« province contemplent les cimetières de leurs ancêtres vénérés trans-
« formés en gare de chemins de fer, pendant que les chevaux des
« cosaques font du saint Temple du Ciel, leur écurie. *Si l'Asie était
« arriérée, l'Europe fut-elle juste ?* »

Voilà ce qu'il faut retenir : « L'Europe fut-elle juste ? »

Je voudrais savoir ce que dirait M. Massis si des contingents chinois,
japonais, hindoux débarquaient, en Europe, avec la prétention de s'y tail-
ler un Etat, d'imposer leurs tarifs commerciaux ou d'exiger des privilè-
ges incompatibles avec la souveraineté nationale ? Tous les hommes jus-
tes de la planète ne seraient-ils pas d'accord pour répondre congrument
à un pareil sans gêne ? Croit-on les Asiatiques incapables d'indignations
patriotiques ? Croit-on que les Asiatiques n'aient ni cœur, ni cerveau, ni

sensibilité ? Les Français qui, en face de l'envahisseur, n'ont qu'un cœur, doivent comprendre, mieux que d'autres la beauté, émouvante de cette page où Okakura nous dépeint l'émotion du Japon devant la menace brutale :

« L'arrivée des navires de guerre américains dans la baie d'Yedo
« (1853) produisit une impression terrible. Jusque-là, les menaces
« d'attaque étrangère ne signifiaient pas grand'chose pour le pays en
« général, car il fallait une grande clameur pour atteindre Hakodate
« ou Nagasaki ; mais aujourd'hui, à un jour de marche de la cité
« d'Yedo, se dessinaient les nefs sombres d'une formidable flotte,
« dont l'amiral refusait le retrait jusqu'à ce qu'un traité fût signé.
« Les souvenirs de l'Armada tartare traversèrent l'esprit de nos aïeux.
« Le samouraï allait-il se laisser intimider dans ses propres eaux ? La
« terre sacrée n'était-elle pas toujours prête à repousser l'invasion ?
« De quel droit une nation étrangère pourrait-elle nous imposer un
« commerce que nous ne désirions pas, une amitié que nous ne re-
« cherchions pas ? Aux armes ! Jhoi ! Jhoi ! Mort aux Barbares ! Les
« cloches d'alarme sonnèrent à travers tout le pays. Les cavaliers cou-
« verts d'écume sortirent des grilles de tous les châteaux, annonçant
« la grande nouvelle. Les lances furent arrachées des panoplies, et
« les anciennes armures fiévreusement retirées des coffres poudreux.
« Le jour et la nuit, l'on entendait le son de l'acier résonner sur
« l'enclume, où se forgeaient les équipements de guerre. Le vieux
« prince de Mito reçut l'ordre de quitter son ermitage, de prendre
« le commandement, et ses canons renforcèrent les principaux points
« de défense. Les Bouddhistes usaient leurs rosaires en invoquant
« Kartikiya, dieu de la guerre, et les prêtres shintoïstes jeunaient,
« suppliant la mer et la tempête de détruire l'envahisseur ! »

Quel patriote ne se sentirait ému à la lecture de cette page admirable, égale aux plus belles pages de l'Histoire de France ?

De la prétendue offensive de la Pensée
asiatique contre l'Europe.

Ce que vous prenez, M. Massis, pour une haine aveugle de la civilisation occidentale, n'est que le mouvement de protestation des peuples asiatiques qui prétendent, comme les peuples d'Europe, à une vie digne et libre. Ce que vous prenez pour un parti-pris d'hostilité, n'est que l'affirmation tranquille que la civilisation bouddhique vaut la civilisation chrétienne, et que, si les deux pensées se différencient religieusement et philosophiquement, c'est qu'elles correspondent à deux besoins spirituels du monde. *Nul n'a le droit d'imposer, au voisin, une manière de vivre ou de penser qui serait contraire au génie de sa race.* Et ce que vous prenez, M. Massis, pour une insinuation perfide de l'esprit bouddhique, d'un principe, selon vous, dissociant, dans l'esprit chrétien ou gréco-latin, c'est simplement le mouvement naturel de la pensée humaine qui tend instinctivement à associer et à harmoniser les *spiritualités* du monde contre les *matérialismes* lourds et dégradants ; c'est une réaction *spirituelle* contre les erreurs ou excès que présente la civilisation occidentale et que vous dénoncez, vous, M. Massis, en ces termes : « ... nous sommes d'accord avec ceux qui constatent que la civilisation moderne *est le grand vice*, qu'elle fait du bien matériel le but unique de la vie, *qu'elle ne s'occupe pas des biens de l'âme*, qu'elle affole les Européens et qu'elle corrompt les occidenteaux, qu'elle les asservit à l'argent, qu'elle les rend incapables de paix et de loisir intérieur. ».

Mes amis asiatiques me chargent de vous dire qu'ils n'osaient point en dire autant !

Mais alors pourquoi tout ce bruit ? Quoi ? nous sommes d'accord vous et nous, pour critiquer la civilisation occidentale ? Le désaccord ne porte que sur la solution que comporte le problème, le remède au mal ? Cette question intéresse l'humanité entière et, par conséquent, chacun doit être admis à proposer son remède. En conscience, M. Massis, comment voulez-

vous que les Asiatiques vous offrent, en la circonstance, autre chose que
le fruit de leur méditation séculaire qui, elle du moins, les a préservés
du mal que vous dénoncez ? Libre à vous de dire que la pensée asiatique
n'est pas à votre goût — mais vous ne pouvez soutenir qu'elle recèle une
intention *malveillante* et volontairement destructrice de la civilisation européenne. Au surplus vous ne défendez pas l'Occident *tel qu'il est*, mais *tel
que vous le voudriez voir*, c'est-à-dire un Occident qui serait conforme,
nous dites-vous, aux idées du moyen-âge latin.

Je serre la question : pour admettre votre thèse, il faudrait donc admettre que le Bouddhisme et les Religions de l'Asie sont devenus un ins-
trument d'offensive, non contre la civilisation occidentale *actuelle* que vous
condamnez, catégoriquement, mais contre les idées que M. Massis dévelop-
pera peut-être, un jour, sur le système de civilisation qui lui paraît le
mieux approprié aux pays latin !! L'Asie, *par avance*, aurait ainsi donné
beaucoup d'importance à votre thèse... future !!

L'Asie correcte et douce.

L'Asie n'a jamais cherché à *s'imposer* à l'Europe. C'est l'Europe qui a
prétendu *imposer* ses idées et ses méthodes à l'Asie. M. Massis ne dit-il
pas lui-même avec une délicieuse impudeur : « *Il ne s'agit pas de latini-
ser l'Asie* (C'est encore heureux !!!) *mais de la christianiser...* ». Qui
donc cherche à *imposer* ses idées aux autres ?

Or dans la défense de leur patrie, les Asiatiques font preuve d'une
douceur et d'une mansuétude sans précédent dans l'Histoire. M. Massis
produit des citations choisies chez les nationalistes d'Asie et veut absolument y découvrir des paroles de haine. J'en fais juge le lecteur. (n'oublions pas qu'il s'agit d'hommes qui défendent leur indépendance nationale) : « Naguère, disent-ils, on admettait que la question d'Orient devait être
résolue par les seuls Européens et Américains. Désormais nous savons
qu'elle le sera par nous. La paix du monde exige que, par l'union de
tous les Orientaux, sous l'influence transformatrice du Japon, il se constitue en Extrême-Orient, un grand empire capable d'empêcher l'intrusion

de l'Amérique et de l'Europe. » (Nihonjin) Vraiment vous trouvez ces propros inadmissibles ? Vous ne trouvez pas légitime que les Asiatiques réclament le bénéfice d'une doctrine de Monroë ? Est-on dans son droit quand on dit : « L'Amérique aux Américains » et devient-on criminel quand on dit : « L'Asie aux Asiatiques » ? Si *l'intérêt* n'avait point faussé le cerveau de certains occidentaux, ne serions nous pas tous d'accord pour proclamer, au moins en principe, qu'avant tout, nous voulons les mêmes Droits et la même Justice pour tous les hommes, jaunes ou blancs ?

Les autres citations de M. Massis ne sont pas plus heureuses et ne fournissent aucun argument à sa thèse. La Ligue panasiatique aurait déclaré la guerre à l'Europe. Or qu'a-t-on voté à Nagasaki ? Voici : « Article I. La ligue panasiatique est fondée pour réaliser la *paix* permanente basée sur l'égalité et la justice et pour sauvegarder la parfaite liberté et le bien-être de l'humanité en abolissant toute discrimination entre classes, races et religions » On croirait un programme d'un républicain français ! « Article II. La Ligue doit réaliser : la renaissance de la civilisation asiatique au point de vue intellectuel et matériel ; *la réforme des races asiatiques actuellement sous la domination étrangère ;* l'abolition des traités unilatéraux ; la coopération des races asiatiques pour les progrès intellectuels, économiques et politiques ». Qu'avez-vous à reprendre à cela ? La modération même des expressions choisies est remarquable.

Devons-nous rappeler la douceur de Gandhi ? Connaissez-vous beaucoup d'Européens qui, lorsqu'il s'agit de l'indépendance de leur patrie, se borneraient à opposer à l'étranger un parti-pris de douceur ? Cet homme qui dispose de trois cents millions de partisans et qui préfère à la délivrance de son pays par la force — la Paix, la *Paix systématique* — a-t-il la moindre chance d'être imité par un Européen, dans des circonstances semblables ? Trois hommes ont prêché aux hommes *la douceur dans toutes les circonstances de la vie*, la douceur systématique ! Bouddha, Jésus et Gandhi. Tous trois sont asiatiques.

Faut-il rappeler combien le Bouddhisme est, par essence, inoffensif et doux ? Rien n'est plus éloigné de l'esprit conquérant, de l'impérialisme, de la volonté de dominer et d'imposer — que l'esprit bouddhique. Peut-être reviendrai-je, un jour, sur cette question. Un parallèle entre l'Humanisme bouddhique et l'Humanisme latino-chrétien pourrait faire ressortir, dans le domaine de la discussion philosophique, combien le parti-pris combatif de M. Massis est injuste. Mais pour l'instant il ne s'agit pas entre M. Massis et nous d'un simple échange de vues. Nous sommes en présence *d'accusations*. Nous *nous défendons et protestons*.

Nous protestons.

Nous protestons. Et nous ne pouvons pas ne pas le faire. C'est précisément parceque les Asiatiques aiment la France qu'ils ne peuvent — et surtout ceux qui sont sur territoire français — laisser passer, sans protestation, une accusation qui tend à faire d'eux des ennemis de la France et des peuples latins ou chrétiens. Nous résumons ce que nous venons de dire : 1º Les peuples asiatiques ont le droit de vivre libres comme n'importe quels autres peuples. On ne peut appeler « haine de l'Occident » le mécontentement de tel ou tel groupe indigène contre la domination étrangère ou la menace étrangère. 2º L'Asie a toujours été inoffensive ; l'Europe n'a pas toujours eu beaucoup de ménagements à son égard. Jésus a dit : « ne fais pas aux autres ce que tu ne voudrais pas qu'on te fît à toi-même ». Comme Gandhi, les Asiatiques constatent, *avec regret* : « l'Europe n'est pas chrétienne... ». 3º Les religions de l'Asie et notemment le Bouddhisme sont des doctrines de douceur et de détachement. Aucun Asiatique n'a jamais songé à s'en servir comme d'une arme de combat pour détruire la civilisation européenne !

En présence de certaines idées différentes ou, en apparence, différentes, telles que le Christianisme et le Bouddhisme, par exemple, l'Asiatique n'a jamais pris une attitude combative. On peut lui reconnaître cette qualité, qui fait défaut à M. Massis : l'aptitude à la méditation calme et sereine. Loin d'être intransigeant, l'Asiatique pense avec M. Sylvain Lévi : « La civilisation est une œuvre collective où chacun travaille pour l'avantage de tous ».

Défense du Bouddhisme

Défense du Bouddhisme

Définition de l'essentiel.

La philosophie bouddhique consiste essentiellement à apprendre aux
hommes à se guérir de leurs passions, de leurs désirs et à acquérir
ce calme d'âme et la maîtrise de soi-même si nécessaire dans les tribulations de la vie.

M. le bonze Kenryo Kawasaki, de la secte Shinshû, me disait à moi-
même : « Puisque vous voulez devenir bouddhiste, sachez que l'essentiel
n'est point de se conformer étroitement à tel précepte ou d'admettre st-
rictement telle théorie, mais d'accéder à la paix complète de l'âme. Vous
ne pouvez rien objectivement contre le malheur et la mort, mais vous
pouvez, par votre volonté et votre intelligence, par la pratique d'exercices
spirituels journaliers et gradués, devenir un élu, insensible au mal, et
dont rien ne peut troubler la paix de l'âme et la pureté du cœur. Alors,
vous êtes une créature sauvée de la souffrance universelle. C'est le but
à atteindre. »

La philosophie bouddhique rejoint donc, dans sa définition élémentaire,
les doctrines de Sagesse de tous les temps, celles des Sages de la Grèce
et de Rome, par exemple ; elle ne constitue pas, dans son principe, une
métaphysique : elle est, avant tout, une attitude morale, une règle de
vie. Celle-ci comporte des paliers différents, ceux du bas à l'usage du
vulgaire qui s'en contente pour les besoins de la vie courante, ceux du
haut accessibles à tous les êtres qui, d'un cœur pur, veulent s'élever, mé-

diter plus profondément, et tendre à « l'illumination ». La gamme des systèmes philosophiques des sectes bouddhiques japonaises ne constitue que des prétextes intellectuels à justifier, par des spéculations différentes, l'attitude morale du bouddhiste.

En fin d'analyse, la sagesse humaine ne réside-t-elle pas toujours dans une volonté de renoncement, plus ou moins complète, aux choses illusoires terrestres, volonté qui apporte la quiétude à l'âme et lui donne une calme assurance devant le malheur et la mort ? Vie, mort ne sont, en définitive, que des points de vues illusoires pris sur l'écoulement sans fin des choses. Le sage, par la méditation, s'adapte à l'impermanence, à l'instabilité universelle, et sauve, ainsi, la paix de son âme et de son cœur.

Que si vous étiez tenté de soutenir que cette quiétude est un mal, il faudrait, logiquement, condamner aussi le christianisme : « Les accusations qu'on adresse au Bouddhisme, écrit le philosophe Carlo Formichi, sont, en substance, les mêmes que celles qu'on élève contre le christianisme et, si elles sont injustes et fausses pour le Christianisme, elles sont aussi injustes et fausses pour le Bouddhisme »

La vraie question est de savoir si les doctrines de Calme et de Sérénité sont malfaisantes dans le monde moderne. La sérénité, écrit. quelque part, M. Salomon Reinach qui n'est suspect de tendresse envers aucune religion, est « la qualité qui manque le plus aux hommes de notre temps ». Et comment un esprit objectif, scientifique jugerait-il autrement ? Tout le système de civilisation occidentale est basé sur le rendement, la production, l'exploitation des richesses planétaires, la poursuite personnelle d'un *gain*. Il en résulte un stimulant pour le progrès industriel, technique, facteur d'enrichissement, mais aussi, pour l'individu, une agitation sans trêve, une activité forcenée qui ne laisse plus de place à la méditation, au recueillement, partant, un dépérissement, sans cesse plus accentué, de sa vie intérieure, de sa valeur spirituelle sans lesquelles, il n'est point de vrai bonheur. La ruée vers l'or ou le billet de banque, la vie à la vapeur, à l'électricité, mécanisée, sans âme, règne en maîtresse frénétique dans tout l'Occident, quoiqu'il se dise chrétien. « On ne trouvait jamais les maisons assez hautes » écrivait Anatole France, qui depuis longtemps avait prévu les catastrophes auxquelles mènent fatalement ces dérèglements inouïs et les ambitions, sans frein, des civilisés de l'Occident.

Dans ces conditions, une éducation de la conscience qui rendrait aux hommes le goût des spiritualités et la paix de l'âme, serait un contrepoids salutaire. Or le Bouddhisme est, précisément, un système de rééducation de la conscience dans ce sens. On peut en préférer d'autres, évidemment, et ce point n'est pas, ici, en discussion. Mais nous devons défendre le Bouddhisme contre les accusations injustes qui tendent à lui donner visage d'ennemi ou à le faire passer pour un poison de l'âme alors que les millions d'hommes qui le pratiquent ont démontré qu'il est une des formes les mieux réussies — ceci est un fait positif, — de cette sérénité d'âme dont les modernes ont tant besoin.

Les qualités bouddhiques.

Le calme et l'égalité d'âme dans toutes les circonstances de la vie, la douceur, la bonté, la charité, l'amour de tous les êtres, y compris nos frères inférieurs, les animaux. On a dit : théorie pessimiste, elle n'exalte pas la vie terrestre, elle vise à autre chose. Je réponds : le christianisme aussi. Au surplus, les Occidenteaux comprennent fort mal le Bouddhisme quand ils le taxent de pessimisme. Il faut voir ce qu'il y à sous ce mot : « Le pessimisme bouddhique écrit M. René Grousset, dans son *Histoire de la Philosophie orientale*, est une attitude de sérénité presque souriante. Et, par là, la doctrine bouddhique se distingue profondément du pessimisme occidental. Rien de déclamatoire en elle, de romantique, de dramatique, de révolté. Rien de l'état d'esprit qui anime un Vigny ou un Leconte de Lisle. L'attitude bouddhique, en présence de la souffrance universelle, n'est ni la violence des poètes, ni l'héroïsme intellectuel de Nietzshe... c'est une indéfinissable douceur que la certitude de la délivrance prochaine transforme en une allégresse négative... de cet état d'âme provient le *charme bouddhique* dont il faut se garder de méconnaître la puissance... » Le pessimisme bouddhique, si mal compris des

Occidentaux, n'est que l'aspiration de l'âme, revenue des tribulations, à la paix, et, même, à la *paix absolue* parcequ'une théorie morale, pour agir sur les hommes, a besoin d'être poussée à son maximum, à titre d'exemple, au moins exceptionnellement, et par une élite spécialisée. Le même fait se remarque dans les autres religions. Pratiquement, la doctrine bouddhique apporte à l'âme une allégresse tranquille. Voici ce qu'on lit dans le *Dhammapada* : « Celui dont les sens sont en repos comme des chevaux domptés, celui qui a dépouillé tout orgueil, qui est affranchi des impuretés, celui-là, les dieux mêmes lui portent envie. En parfaite joie, nous vivons, sans ennemis dans le monde d'inimitié, sains parmi les malades, sans fatigue, parmi ceux qui se fatiguent. En parfaite joie nous vivons, nous, cependant, qui ne possédons rien en propre. La joie est notre nourriture comme aux dieux rayonnants ! »

Enfin n'oublions pas une qualité essentielle du Bouddhisme, que les Occidentaux, si l'on en juge par leur histoire, ont totalement ignoré à certaines époques : la tolérance.

Valeur sociale du Bouddhisme.

M. Massis la nie d'un mot : « c'est l'extinction, la fin de l'être ! ». On pourrait en dire autant du christianisme, si on ne le jugeait que sur les pratiques d'extase, la béatitude, la macération. Et cette réplique serait également sans valeur. Car pour juger une philosophie, une religion, il faut la voir *à l'œuvre*, en faire *l'expérience*. Cela seul est digne d'un esprit scientifique et non les réflexions suggérées par un examen purement théorique. En un mot, il faut se dire : qu'à produit cette philosophie, cette religion dans le groupe ethnique qui l'a adoptée? Or personne ne niera que la civilisation bouddhique est un des plus purs et des plus délicats chefs-d'œuvre de l'humanité. Le bouddhisme, par le flottement même de ces conceptions, par l'atmosphère de rêve et d'illusions passagères dans laquelle il place toute chose, a imprégné les mœurs, les idées, les arts et les lettres des Peuples d'Extrême-Orient d'un charme

si profond qu'on ne peut l'avoir constaté sans en être aussitôt séduit.
Or la civilisation et l'humanisme bouddhiques durent depuis des siècles,
remplissent leur rôle depuis des siècles. Ceci aussi est un *fait positif*. On
ne peut accuser une philosophie, une grande Pensée qui fait, depuis des
siècles, la valeur d'une civilisation merveilleuse, d'être un poison mortel
pour les âmes et de marquer « la fin de l'être » ! Un des empires les plus
prospères et les plus heureux du monde fut l'empire du Roi Açoka (273-
232 A. J. C.), moine bouddhique, qui fit règner le Bouddisme comme religion d'état et en grava les préceptes sur les rochers. La gloire d'Açoka
dépassé, en Asie, celle de Saint-Louis, en Europe : tous deux peuvent
se comparer par leur volonté identique de faire de leur Etat non pas seulement un territoire riche et bien administré, mais une force au service
d'une haute morale Or voici ce qu'écrivait l'éminent et regretté orienta-
liste Emile Sénart : « Açoka, le disciple couronné de Çakyamouni, se pré-
occupe, non d'incliner les fronts devant des croyances transcendantes,
mais de faire règner dans une atmosphère de respect réciproque, les rè-
gles essentielles qui, sans acceptation de systèmes, sont, de l'aveu com-
mun, nécessaires partout au *bon ordre de la vie et à la dignité humaine.* »*
Et Luigi Luzati signale le roi bouddhique Açoka comme un des précur-
seurs de la liberté de conscience.** Comme le christianisme au Moyen-
Age, le bouddhisme a su, à l'occasion, s'associer admirablement aux exi-
gences d'un Etat. Les deux religions, chacune dans le milieu ethnique où
elles se sont développées, ont *prouvé* leur vertu civilisatrice et leur valeur
constructive, et non pas seulement négative, et ainsi ne sauraient être
considérées, pas plus l'une que l'autre, comme des croyances destructives.
Dans le monde contemporain, l'activité industrielle et commerciale des
Japonais et leur valeur militaire, suffisent à réduire à néant le reproche
adressé au Bouddhisme d'être incompatible avec les nécessités vitales
d'un Etat moderne.

* La morale bouddhique, par Louis de-la-Vallée-Poussin. Préface d'Emile Sénart. (p 1)
** La liberta di conscienza e di scienza. (p 99)

Valeur scientifique du Bouddhisme.

Ce qui frappe le plus le penseur moderne, parmi les intuitions géniales du Bouddha, c'est leur concordance avec les données hypothèses et méthodes de la science actuelle. Le Bouddhisme admet le monde comme un éternel recommencement : nul n'a mieux compris le *devenir*, l'écoulement sans fin des choses, l'illusion des représentations que nous en donne nos sens, l'insuffisance et la relativité des concepts que nous nous faisons arbitrairement d'une réalité *fugace* et pour les seuls besoins de notre pratique. Le Bouddhisme enseigne, sous les apparences, un monde fluide qui se fait, évolue, devient, meurt et renaît, puis se défait et revient encore. Sous des terminologies différentes, c'est l'hypothèse cosmogonique moderne du *retour éternel*, c'est l'application à la philosophie orientale, de la formule de Lavoisier : « Rien ne se perd, rien ne se crée ». La théorie des transmigrations est comme un symbole, transposé sur le plan philosophique ou religieux, du *devenir* et du *retour éternel* de la matière.

Le Bouddhisme n'enseigne aucun dieu éternel et créateur. Le Bouddhisme n'est pas une métaphysique, c'est un *Positivisme*. Sans doute, la science moderne ne condamne pas l'hypothèse d'un dieu : elle se borne à n'en point parler, étant sur le plan des explications physiques et non métaphysiques. Les deux attitudes scientifiques et bouddhiques sont donc analogues, positivistes l'une et l'autre. Bouddha tint essentiellement à ce que son enseignement « ne fut lié au sort d'aucune construction intellectuelle, d'aucune chapelle métaphysique », écrit M. René Grousset qui ajoute : « Le Bouddhisme est un positivisme oriental ; il ne voit, dans le monde, comme Stuart Mill, qu'une succession de phénomènes. »

La loi de causalité, postulat de la science moderne, a également trouvé, dans le Bouddhisme, un partisan. Dans l'océan mouvant et passager des choses, chaque vague est déterminée par toutes celles qui la précèdent et détermine toutes celles qui la suivent. Chaque acte humain a sa conséquence bonne ou mauvaise et donne naissance à une série sans fin, de causes et d'effets. La série causale est une chaîne ininterrompue. C'est le cas de citer le mot d'Auguste Conte : « L'humanité, de tout temps, fut composée de plus de morts que de vivants. »

Conclusion.

Chargé par un groupe de Japonais, Chinois et Hindous de protester contre les attaques dont les Asiatiques sont, parfois, l'objet et, en particulier, contre les accusations formulées, contre eux, par M. Henri Massis dans sa *Défense de l'Occident*, j'ai volontairement borné ma contre-défense et nos protestations aux seuls points en cause. Le présent exposé a pour but exclusif de démontrer :

1º que les Asiatiques sont *pacifiques* et n'ont aucun projet de domination sur le monde ; qu'ils entendent garder cette attitude, en dépit des humiliations que les Occidentaux leur firent subir ; que le fait qu'ils n'entendent pas subir ces humiliations éternellement ne saurait les faire considérer comme des ennemis, mais comme des hommes libres, désireux de traiter avec les autres hommes, *d'égal à égal*.

2º que le Bouddhisme est une philosophie de sagesse dont la vertu civilisatrice est un *fait établi* ; que cette philosophie a apporté aux hommes, qui y ont *librement* adhéré, la paix de l'âme et la pureté du cœur ; que ces qualités, toujours nécessaires, semblent indispensables à notre époque d'agitation fiévreuse et d'égoïsme grossier ; que le Bouddhisme, ne revendique que sa place parmi les autres *Valeurs Spirituelles*, le même rang qu'elles, et qu'il ne saurait être accusé d'être un poison de l'âme.

Et pour finir, une question : au lieu de polémiquer, ainsi qu'on nous y oblige, bien malgré nous, pourquoi ne pas chercher à unir et harmoniser les *Valeurs Spirituelles* du monde en vue d'une action commune et bienfaisante ?